The Curious Monkey And Other Bilingual Italian-English Stories for Kids

Pomme Bilingual

Published by Pomme Bilingual, 2024.

While every precaution has been taken in the preparation of this book, the publisher assumes no responsibility for errors or omissions, or for damages resulting from the use of the information contained herein.

THE CURIOUS MONKEY AND OTHER BILINGUAL ITALIAN-ENGLISH STORIES FOR KIDS

First edition. July 25, 2024.

ISBN: 979-8227403513

Written by Pomme Bilingual.

Table of Contents

Il Magico Viaggio di Nina

In un angolino nascosto del Bosco Incantato viveva Nina, una piccola ninfa dai capelli dorati e dalle ali scintillanti. Nina amava esplorare e scoprire nuovi angoli del suo magico mondo, ma un giorno, mentre raccoglieva fiori di rugiada, trovò un oggetto strano e brillante.

Era una chiave d'oro, incastonata con gemme che brillavano di colori incantevoli. La chiave era accompagnata da un messaggio scritto su una pergamena antica: "Solo chi possiede il cuore puro può trovare la Porta del Desiderio."

Curiosa e affascinata, Nina decise di seguire l'indizio. Prese la chiave e iniziò a camminare lungo il sentiero che conduceva verso il cuore del bosco. Mentre camminava, incontrò i suoi amici animali. Il saggio gufo Ollie, la vivace scoiattolina Sissi e il simpatico topolino Tito si unirono a lei nel viaggio.

"La Porta del Desiderio," disse Ollie con occhi saggi, "è nascosta nel luogo più oscuro del bosco, ma solo chi mostra gentilezza e coraggio può trovarla."

La compagnia si inoltrò nel bosco, superando ostacoli e affrontando sfide. Quando arrivarono al Ponte Sospeso, Nina e i suoi amici dovettero affrontare il vento forte che soffiava furiosamente. Con coraggio e determinazione, si tennero per mano e attraversarono il ponte, aiutandosi l'un l'altro.

Più avanti, nel Cuore Ombroso del bosco, trovarono una pianta carnivora gigantesca che bloccava il loro cammino. Senza paura, Nina parlò dolcemente alla pianta, chiedendo di poter passare. La pianta, commossa dalla sua gentilezza, si aprì permettendo loro di proseguire.

Finalmente, giunsero davanti a una grande quercia con un'antica porta incastonata nel suo tronco. Nina prese la chiave e, con le mani tremanti dall'emozione, la inserì nella serratura. La porta si aprì con un dolce scricchiolio, rivelando un mondo splendente e colorato.

Nina e i suoi amici entrarono e scoprirono un luogo pieno di meraviglie. C'erano fiori che cantavano melodie dolci, fiumi di cioccolato e alberi che sussurravano segreti antichi. Al centro di questo mondo magico c'era una fontana scintillante.

"Questa è la Fontana dei Desideri," disse una voce melodiosa. Era la Regina delle Ninfe, che apparve davanti a loro in un'aura luminosa. "Ogni desiderio espresso qui verrà realizzato, ma ricordate, i desideri devono essere puri e altruisti."

Nina e i suoi amici pensarono a lungo. Poi, con un sorriso, Nina disse: "Desidero che il nostro bosco sia sempre protetto e che tutti possano vivere felici e in armonia."

La fontana scintillò e un'onda di luce calda avvolse il bosco. Da quel giorno, il Bosco Incantato fu sempre un luogo di pace e meraviglia. Nina e i suoi amici continuarono a esplorare, sapendo che la vera magia risiedeva nel cuore puro e nell'amicizia.

Nina's Magical Journey

In a hidden corner of the Enchanted Forest lived Nina, a little nymph with golden hair and sparkling wings. Nina loved to explore and discover new corners of her magical world, but one day, while gathering dewdrop flowers, she found a strange and shiny object.

It was a golden key, encrusted with gems that sparkled in enchanting colors. The key was accompanied by a message written on ancient parchment: "Only those with a pure heart can find the Door of Wishes."

Curious and fascinated, Nina decided to follow the clue. She took the key and began to walk along the path that led to the heart of the forest. As she walked, she met her animal friends. Wise owl Ollie, lively squirrel Sissi, and cheerful mouse Tito joined her on the journey.

"The Door of Wishes," said Ollie with wise eyes, "is hidden in the darkest part of the forest, but only those who show kindness and courage can find it."

The company ventured into the forest, overcoming obstacles and facing challenges. When they reached the Suspended Bridge, Nina and her friends had to face the strong wind blowing furiously. With courage and determination, they held hands and crossed the bridge, helping each other.

Further ahead, in the Shady Heart of the forest, they found a giant carnivorous plant blocking their way. Without fear, Nina spoke gently to the plant, asking to pass. The plant, moved by her kindness, opened up, allowing them to proceed.

Finally, they arrived at a large oak tree with an ancient door set in its trunk. Nina took the key and, with trembling hands from excitement, inserted it into the lock. The door opened with a sweet creak, revealing a sparkling and colorful world.

Nina and her friends entered and discovered a place full of wonders. There were flowers that sang sweet melodies, rivers of chocolate, and trees that whispered ancient secrets. At the center of this magical world was a sparkling fountain.

"This is the Fountain of Wishes," said a melodious voice. It was the Queen of the Nymphs, who appeared before them in a luminous aura. "Any wish made here will come true, but remember, the wishes must be pure and selfless."

Nina and her friends thought for a long time. Then, with a smile, Nina said, "I wish for our forest to always be protected and for everyone to live happily and harmoniously."

The fountain sparkled, and a wave of warm light enveloped the forest. From that day on, the Enchanted Forest was always a place of peace and wonder. Nina and her friends continued to explore, knowing that true magic resided in a pure heart and friendship.

Il Magico Viaggio di Luna e Lino

In un piccolo villaggio circondato da colline verdeggianti, vivevano due fratellini, Luna e Lino. Luna era una bambina curiosa con una fervida immaginazione, mentre Lino, suo fratello minore, era avventuroso e coraggioso. Ogni giorno, i due esploravano i boschi, inventando storie di draghi, principesse e maghi.

Un giorno, mentre giocavano vicino a un vecchio albero di quercia, trovarono una strana mappa nascosta sotto un sasso. La mappa era antica e mostrava un percorso che attraversava il bosco fino a un luogo misterioso segnato con una X.

"È una mappa del tesoro!" esclamò Lino, con gli occhi che brillavano di eccitazione.

"Deve portare a qualcosa di magico," aggiunse Luna, stringendo la mappa tra le mani.

Decisi a scoprire il mistero, i due fratelli seguirono il sentiero indicato dalla mappa. Camminarono per ore, attraversando ruscelli gorgoglianti e prati fioriti, finché giunsero a un punto dove il sentiero sembrava svanire.

"Guarda, Lino," disse Luna indicando una piccola grotta nascosta tra le radici di un albero gigante. "Forse dobbiamo entrare lì."

Con il cuore che batteva forte, i due si avventurarono nella grotta. All'interno, scoprirono una stanza scintillante di cristalli che illuminavano tutto intorno con colori arcobaleno. Al centro della stanza c'era un'antica scatola di legno.

Luna e Lino aprirono la scatola con mani tremanti e trovarono un vecchio libro. Il libro era intitolato "Il Magico Regno di Fantasia". Con grande cura, Luna lo aprì e una luce brillante avvolse la stanza, trasportandoli in un mondo fantastico.

Si trovarono in una foresta incantata, dove ogni albero parlava e ogni fiore cantava. Ad accoglierli c'era un piccolo elfo di nome Elio, che indossava un cappello verde e una tunica dorata.

"Benvenuti nel Regno di Fantasia," disse Elio con un sorriso. "Siete i prescelti per salvare il nostro mondo da un'antica maledizione."

Luna e Lino ascoltarono attentamente mentre Elio spiegava che il regno era minacciato da un mago malvagio, Ombrax, che aveva rubato la Gemma della Luce, la fonte di tutta la magia del regno. Senza la gemma, il Regno di Fantasia avrebbe perso tutta la sua bellezza e magia.

"Ma come possiamo aiutarvi?" chiese Lino, determinato.

"Solo i cuori puri possono rompere la maledizione," rispose Elio. "Dovete trovare la Gemma della Luce e riportarla al suo posto legittimo."

Il viaggio per trovare la gemma non sarebbe stato facile. Luna e Lino affrontarono numerose sfide lungo il cammino. Attraversarono la Foresta dei Sussurri, dove gli alberi sussurravano segreti e indovinelli, e la Palude degli Incubi, popolata da creature spaventose che cercavano di farli desistere.

Ogni volta che si trovavano in difficoltà, Luna e Lino ricordavano le parole di Elio: "Solo i cuori puri possono trovare la gemma." Con questa convinzione, affrontarono ogni paura e superarono ogni ostacolo.

Finalmente, giunsero al Castello di Ombrax, un luogo oscuro e minaccioso. All'interno del castello, trovarono Ombrax che teneva la Gemma della Luce in una mano, ridendo maleficamente.

"Non potete sconfiggermi," disse Ombrax con una voce cavernosa. "La gemma è mia!"

Ma Luna e Lino non si lasciarono intimidire. Con coraggio e determinazione, affrontarono Ombrax, ricordando l'importanza del loro cuore puro. Insieme, riuscirono a sottrarre la gemma dalle mani del mago e a fuggire dal castello.

Tornati nella foresta incantata, Luna e Lino restituirono la Gemma della Luce al suo posto, e il regno fu immediatamente avvolto in una luce dorata. I fiori tornarono a cantare, gli alberi a parlare e il regno a brillare di magia.

"Avete salvato il nostro mondo," disse Elio con gratitudine. "Il Regno di Fantasia vi sarà eternamente riconoscente."

Luna e Lino tornarono a casa, portando con sé il ricordo del loro incredibile viaggio. Sapevano che, grazie alla loro avventura, il Regno di Fantasia sarebbe sempre stato un luogo di meraviglia e magia, e che loro due sarebbero stati per sempre i suoi guardiani.

The Magical Journey of Luna and Lino

In a small village surrounded by verdant hills lived two siblings, Luna and Lino. Luna was a curious girl with a vivid imagination, while her younger brother Lino was adventurous and brave. Every day, they explored the woods, inventing stories of dragons, princesses, and wizards.

One day, while playing near an old oak tree, they found a strange map hidden under a rock. The map was ancient and showed a path through the woods to a mysterious place marked with an X.

"It's a treasure map!" exclaimed Lino, his eyes shining with excitement.

"It must lead to something magical," added Luna, clutching the map in her hands.

Determined to uncover the mystery, the two siblings followed the path indicated by the map. They walked for hours, crossing bubbling streams and flower-filled meadows, until they reached a point where the path seemed to vanish.

"Look, Lino," said Luna, pointing to a small cave hidden among the roots of a giant tree. "Maybe we need to go in there."

With their hearts pounding, the two ventured into the cave. Inside, they discovered a room shimmering with crystals that lit up with rainbow colors. At the center of the room was an ancient wooden box.

Luna and Lino opened the box with trembling hands and found an old book. The book was titled "The Magical Kingdom of Fantasy." With great care, Luna opened it, and a brilliant light filled the room, transporting them to a fantastical world.

They found themselves in an enchanted forest, where every tree talked and every flower sang. They were greeted by a small elf named Elio, who wore a green hat and a golden tunic.

"Welcome to the Kingdom of Fantasy," Elio said with a smile. "You are the chosen ones to save our world from an ancient curse."

Luna and Lino listened carefully as Elio explained that the kingdom was threatened by an evil wizard, Ombrax, who had stolen the Light Gem, the source of all the kingdom's magic. Without the gem, the Kingdom of Fantasy would lose all its beauty and magic.

"But how can we help?" asked Lino, determined.

"Only pure hearts can break the curse," Elio replied. "You must find the Light Gem and return it to its rightful place."

The journey to find the gem would not be easy. Luna and Lino faced numerous challenges along the way. They crossed the Whispering Forest, where trees whispered secrets and riddles, and the Swamp of Nightmares, populated by frightening creatures trying to deter them.

Whenever they were in trouble, Luna and Lino remembered Elio's words: "Only pure hearts can find the gem." With this belief, they faced every fear and overcame every obstacle.

Finally, they reached Ombrax's Castle, a dark and menacing place. Inside the castle, they found Ombrax holding the Light Gem in one hand, laughing malevolently.

"You cannot defeat me," Ombrax said in a cavernous voice. "The gem is mine!"

But Luna and Lino were undaunted. With courage and determination, they confronted Ombrax, remembering the importance of their pure hearts. Together, they managed to snatch the gem from the wizard's hands and escape the castle.

Back in the enchanted forest, Luna and Lino returned the Light Gem to its place, and the kingdom was immediately enveloped in golden light. The flowers began to sing again, the trees to talk, and the kingdom to shine with magic.

"You have saved our world," said Elio gratefully. "The Kingdom of Fantasy will be forever grateful to you."

Luna and Lino returned home, carrying with them the memory of their incredible journey. They knew that, thanks to their adventure, the Kingdom of Fantasy would always be a place of wonder and magic, and that the two of them would forever be its guardians.

Il Drago Dorato

In un piccolo villaggio ai piedi di una montagna incantata, viveva una bambina di nome Chiara. Chiara aveva capelli ricci e rossi come il fuoco e occhi verdi come smeraldi. La sua passione era ascoltare le storie del nonno sulle creature magiche che abitavano la montagna. Tra tutte le storie, quella che la affascinava di più era quella del Drago Dorato, una creatura leggendaria che si diceva custodisse un antico tesoro.

Un giorno, mentre Chiara stava giocando nel bosco vicino casa, trovò un sentiero nascosto tra i cespugli. Curiosa, decise di seguirlo. Il sentiero serpeggiava su per la montagna, portandola sempre più in alto. Dopo ore di cammino, Chiara arrivò a una radura luminosa dove incontrò un piccolo folletto con un cappello a punta e un mantello verde.

"Ciao, piccola umana," disse il folletto con un sorriso. "Sono Tillo, e sto cercando un aiuto per una missione molto importante. Vuoi unirti a me?"

Chiara, emozionata e un po' intimorita, annuì. "Qual è la missione?" chiese.

"Dobbiamo trovare il Drago Dorato," rispose Tillo. "Il nostro regno è in pericolo, e solo lui può aiutarci a salvare la Foresta Incantata."

Incuriosita e desiderosa di avventura, Chiara accettò senza esitazione. Tillo le spiegò che il Drago Dorato viveva nella

Caverna delle Meraviglie, situata in cima alla montagna. Per arrivarci, avrebbero dovuto superare diverse prove e sfide.

Il primo ostacolo che incontrarono fu il Fiume Parlante. Le sue acque limpide parlavano in rime e indovinelli, bloccando il passaggio. "Solo chi risolve l'enigma può attraversare," disse il fiume.

Chiara ascoltò attentamente il fiume recitare: "Sono una cosa che cresce, ma non è un fiore, non è una pianta, e non è un albero. Cos'è?"

Dopo averci pensato un po', Chiara rispose con sicurezza: "Un bambino!" Il fiume, soddisfatto della risposta, si aprì, lasciando passare Chiara e Tillo.

Proseguendo nel loro viaggio, raggiunsero la Foresta delle Ombre, dove ogni albero sembrava avere vita propria. Le ombre danzavano e creavano figure spaventose per confondere i viaggiatori. "Non dobbiamo avere paura," disse Chiara. "Dobbiamo solo seguire la luce del nostro cuore."

Con queste parole, Chiara e Tillo si tennero per mano e camminarono coraggiosamente attraverso la foresta, ignorando le ombre che cercavano di spaventarli. Alla fine, uscirono sani e salvi e si ritrovarono di fronte all'entrata della Caverna delle Meraviglie.

All'interno della caverna, tutto era dorato e scintillante. In lontananza, videro il Drago Dorato addormentato su un grande cumulo di tesori. Con passi leggeri, Chiara e Tillo si avvicinarono al drago. Appena furono abbastanza vicini, Chiara si schiarì la gola e parlò dolcemente.

"Grande Drago Dorato, mi chiamo Chiara e vengo a chiedere il tuo aiuto. La Foresta Incantata è in pericolo e solo tu puoi salvarla."

Il drago aprì lentamente gli occhi dorati e osservò Chiara con interesse. "Perché dovrei aiutarti, piccola umana?" chiese con una voce profonda e risonante.

"Perché la Foresta Incantata è la casa di molte creature magiche," rispose Chiara con determinazione. "Senza il tuo aiuto, tutte loro saranno in pericolo."

Il Drago Dorato annuì lentamente. "Hai un cuore coraggioso e puro," disse. "Ti aiuterò, ma dovrai superare l'ultima prova. Devi dimostrare di essere veramente degna del mio aiuto."

Con queste parole, il drago alzò una delle sue enormi zampe e rivelò un piccolo cristallo che pulsava di luce dorata. "Questo è il Cuore della Foresta," spiegò il drago. "Devi portarlo al Grande Albero al centro della Foresta Incantata. Solo allora la foresta sarà salva."

Chiara prese il cristallo con delicatezza e ringraziò il drago. Con Tillo al suo fianco, iniziò il viaggio di ritorno verso la foresta. Durante il cammino, incontrarono diverse creature magiche che li aiutarono a superare le ultime difficoltà.

Finalmente, raggiunsero il Grande Albero. Chiara posizionò il cristallo al centro delle sue radici, e immediatamente una luce brillante avvolse l'intera foresta. Gli alberi ripresero a parlare, i fiori a cantare e l'aria tornò a essere piena di magia.

Tillo guardò Chiara con gratitudine. "Hai salvato la nostra casa," disse. "Il tuo coraggio e il tuo cuore puro hanno fatto la differenza."

Chiara sorrise, felice di aver aiutato i suoi nuovi amici. Tornò al villaggio con una nuova consapevolezza e un ricordo indelebile della sua avventura.

Da quel giorno, Chiara continuò a esplorare il mondo con occhi curiosi e un cuore aperto, sapendo che il vero coraggio viene dal cuore e che le vere avventure iniziano sempre con un passo verso l'ignoto.

The Golden Dragon

In a small village at the foot of an enchanted mountain lived a girl named Chiara. Chiara had curly, fiery red hair and green eyes like emeralds. Her passion was listening to her grandfather's stories about the magical creatures that inhabited the mountain. Among all the stories, the one that fascinated her most was about the Golden Dragon, a legendary creature said to guard an ancient treasure.

One day, while Chiara was playing in the woods near her home, she found a hidden path among the bushes. Curious, she decided to follow it. The path wound up the mountain, leading her higher and higher. After hours of walking, Chiara arrived at a bright clearing where she met a small elf with a pointed hat and a green cloak.

"Hello, little human," said the elf with a smile. "I'm Tillo, and I'm looking for help on a very important mission. Will you join me?"

Chiara, excited and a little scared, nodded. "What's the mission?" she asked.

"We must find the Golden Dragon," replied Tillo. "Our kingdom is in danger, and only he can help us save the Enchanted Forest."

Curious and eager for adventure, Chiara accepted without hesitation. Tillo explained that the Golden Dragon lived in the Cave of Wonders, located at the top of the mountain. To get there, they would have to overcome several trials and challenges.

The first obstacle they encountered was the Talking River. Its clear waters spoke in rhymes and riddles, blocking the way. "Only those who solve the riddle may cross," said the river.

Chiara listened carefully as the river recited: "I am something that grows, but I'm not a flower, not a plant, and not a tree. What am I?"

After thinking for a while, Chiara confidently answered, "A child!" The river, satisfied with the answer, parted, allowing Chiara and Tillo to pass.

Continuing their journey, they reached the Forest of Shadows, where every tree seemed to have a life of its own. The shadows danced and created frightening figures to confuse travelers. "We must not be afraid," said Chiara. "We just need to follow the light in our hearts."

With these words, Chiara and Tillo held hands and bravely walked through the forest, ignoring the shadows trying to scare them. Eventually, they emerged safe and sound and found themselves in front of the entrance to the Cave of Wonders.

Inside the cave, everything was golden and glittering. In the distance, they saw the Golden Dragon sleeping on a large pile of treasures. With light steps, Chiara and Tillo approached the dragon. Once they were close enough, Chiara cleared her throat and spoke gently.

"Great Golden Dragon, my name is Chiara and I come to ask for your help. The Enchanted Forest is in danger and only you can save it."

The dragon slowly opened its golden eyes and looked at Chiara with interest. "Why should I help you, little human?" it asked in a deep, resonant voice.

"Because the Enchanted Forest is home to many magical creatures," Chiara replied with determination. "Without your help, they will all be in danger."

The Golden Dragon nodded slowly. "You have a brave and pure heart," it said. "I will help you, but you must pass one last test. You must prove yourself truly worthy of my help."

With these words, the dragon lifted one of its enormous paws to reveal a small crystal pulsing with golden light. "This is the Heart of the Forest," the dragon explained. "You must take it to the Great Tree at the center of the Enchanted Forest. Only then will the forest be saved."

Chiara took the crystal gently and thanked the dragon. With Tillo by her side, she began the journey back to the forest. Along the way, they met several magical creatures who helped them overcome the final difficulties.

Finally, they reached the Great Tree. Chiara placed the crystal at the center of its roots, and immediately a brilliant light enveloped the entire forest. The trees began to speak again, the flowers to sing, and the air was filled with magic.

Tillo looked at Chiara with gratitude. "You have saved our home," he said. "Your courage and pure heart made the difference."

Chiara smiled, happy to have helped her new friends. She returned to the village with a new sense of awareness and an indelible memory of her adventure.

From that day on, Chiara continued to explore the world with curious eyes and an open heart, knowing that true courage comes from the heart and that true adventures always begin with a step into the unknown.

L'Avventura del Topolino Lillo e la Luna Magica

C'era una volta, in un piccolo villaggio ai margini di un grande bosco, un topolino di nome Lillo. Lillo era un topolino curioso e coraggioso, con grandi occhi neri e un piccolo nasino rosa. Ogni notte, quando tutti gli altri animali andavano a dormire, Lillo usciva dalla sua tana per esplorare il mondo sotto la luce della luna.

Una notte, mentre Lillo passeggiava lungo il ruscello, notò qualcosa di strano. La luna nel cielo sembrava più grande e più luminosa del solito. Incuriosito, decise di seguirne il riflesso sull'acqua. Camminò e camminò, finché non giunse a un piccolo lago nascosto tra gli alberi. Al centro del lago, vide un'immagine incantevole: una luna magica che brillava come un diamante.

"Sarà un sogno?" si chiese Lillo, sfregandosi gli occhi.

"Non è un sogno, piccolo Lillo," rispose una voce melodiosa. Lillo si girò e vide una fata luminosa volare sopra il lago. "Sono Luna, la fata della luna. Ogni cento anni, la luna si avvicina alla terra e rivela i suoi poteri magici. Ma quest'anno, un pericolo minaccia il nostro mondo."

"Che tipo di pericolo?" chiese Lillo, con il cuore che batteva forte.

"La Strega Ombrosa vuole rubare la luce della luna per dominare la foresta," spiegò Luna. "Se ci riesce, tutto diventerà buio e triste. Abbiamo bisogno del tuo aiuto per fermarla."

Lillo sentì un'ondata di coraggio. "Cosa devo fare?" chiese.

"Devi trovare i tre Cristalli Lunari," rispose Luna. "Essi sono nascosti nei luoghi più remoti della foresta. Solo con essi potremo proteggere la luce della luna."

Determinato a salvare la foresta, Lillo accettò la missione. Luna gli donò una piccola lanterna magica per illuminare il suo cammino. Il primo cristallo si trovava nella Caverna dei Sospiri, un luogo oscuro e misterioso.

Con la lanterna in mano, Lillo entrò nella caverna. Ogni passo era accompagnato da strani sussurri, ma il coraggioso topolino non si lasciò intimorire. Dopo un lungo cammino, trovò il primo cristallo nascosto tra le rocce. Era un cristallo blu che brillava come il cielo notturno.

Con il cristallo al sicuro, Lillo proseguì verso la seconda destinazione: la Foresta delle Ombre. Qui, gli alberi sembravano muoversi e le ombre danzavano in modo inquietante. Lillo si ricordò delle parole di Luna: "Segui sempre la luce del tuo cuore."

Raggiunse una radura dove trovò un vecchio gufo, saggio e gentile. "Sto cercando il secondo Cristallo Lunare," spiegò Lillo.

"Devi risolvere un enigma per ottenerlo," disse il gufo. "Chi ha la chiave per aprire il cielo?"

Lillo pensò a lungo e poi rispose: "Il sole, che fa brillare la luna."

Il gufo sorrise e rivelò il cristallo nascosto tra le sue piume. Era un cristallo verde che brillava come una foresta al crepuscolo.

Con due cristalli in mano, Lillo si diresse verso l'ultima tappa: la Cascata Arcobaleno. Il suono dell'acqua che scrosciava era forte, e l'arcobaleno che si formava era un vero spettacolo. Al centro della cascata, tra i colori scintillanti, Lillo trovò il terzo cristallo, rosso come il tramonto.

Improvvisamente, apparve la Strega Ombrosa. "Dammi quei cristalli!" gridò con voce stridula.

"Mai!" rispose Lillo, tenendo saldamente i cristalli.

La strega lanciò un incantesimo, ma la lanterna magica di Lillo brillò intensamente, respingendo la magia oscura. Luna apparve accanto a Lillo e insieme, usando i tre cristalli, crearono un cerchio di luce che avvolse la strega, facendola scomparire per sempre.

"La luce della luna è salva," disse Luna con gratitudine. "Grazie, Lillo. Hai salvato la foresta e tutti i suoi abitanti."

Lillo tornò al suo villaggio come un eroe. Da quel giorno, ogni volta che guardava la luna, ricordava la sua incredibile avventura e sapeva che il vero coraggio viene dal cuore.

The Adventure of Lillo the Mouse
and the Magic Moon

Once upon a time, in a small village at the edge of a great forest, there lived a little mouse named Lillo. Lillo was a curious and brave little mouse with big black eyes and a tiny pink nose. Every night, when all the other animals went to sleep, Lillo would venture out of his burrow to explore the world under the moonlight.

One night, as Lillo was strolling along the stream, he noticed something strange. The moon in the sky seemed larger and brighter than usual. Curious, he decided to follow its reflection on the water. He walked and walked until he reached a small hidden lake among the trees. In the center of the lake, he saw an enchanting sight: a magical moon shining like a diamond.

"Is this a dream?" Lillo wondered, rubbing his eyes.

"It's not a dream, little Lillo," answered a melodious voice. Lillo turned and saw a luminous fairy flying above the lake. "I am Luna, the moon fairy. Every hundred years, the moon comes closer to the earth and reveals its magical powers. But this year, a danger threatens our world."

"What kind of danger?" Lillo asked, his heart pounding.

"The Shadow Witch wants to steal the moon's light to dominate the forest," Luna explained. "If she succeeds, everything will become dark and sad. We need your help to stop her."

Lillo felt a surge of courage. "What do I need to do?" he asked.

"You must find the three Lunar Crystals," Luna replied. "They are hidden in the most remote places of the forest. Only with them can we protect the moon's light."

Determined to save the forest, Lillo accepted the mission. Luna gave him a small magical lantern to light his way. The first crystal was located in the Cave of Whispers, a dark and mysterious place.

With the lantern in hand, Lillo entered the cave. Every step was accompanied by strange whispers, but the brave little mouse was undeterred. After a long walk, he found the first crystal hidden among the rocks. It was a blue crystal that shone like the night sky.

With the crystal safe, Lillo continued to the second destination: the Forest of Shadows. Here, the trees seemed to move and the shadows danced in a haunting way. Lillo remembered Luna's words: "Always follow the light of your heart."

He reached a clearing where he found an old, wise, and kind owl. "I am looking for the second Lunar Crystal," Lillo explained.

"You must solve a riddle to obtain it," said the owl. "Who has the key to open the sky?"

Lillo thought for a long time and then replied, "The sun, which makes the moon shine."

The owl smiled and revealed the crystal hidden among its feathers. It was a green crystal that sparkled like a twilight forest.

With two crystals in hand, Lillo headed to the final destination: the Rainbow Waterfall. The sound of the crashing water was loud, and the rainbow that formed was a true spectacle. At the center of the waterfall, among the shimmering colors, Lillo found the third crystal, red as the sunset.

Suddenly, the Shadow Witch appeared. "Give me those crystals!" she screeched.

"Never!" Lillo replied, holding the crystals tightly.

The witch cast a spell, but Lillo's magical lantern shone brightly, repelling the dark magic. Luna appeared beside Lillo, and together, using the three crystals, they created a circle of light that enveloped the witch, making her disappear forever.

"The moon's light is saved," Luna said gratefully. "Thank you, Lillo. You have saved the forest and all its inhabitants."

Lillo returned to his village as a hero. From that day on, every time he looked at the moon, he remembered his incredible adventure and knew that true courage comes from the heart.

Le Avventure di Marco, la Scimmia Curiosa

Nella giungla lussureggiante del Sud America viveva una scimmia di nome Marco. Marco era una scimmia molto curiosa, con un pelo marrone lucido e occhi brillanti che riflettevano ogni scintilla di entusiasmo. Ogni giorno, Marco esplorava la giungla, cercando nuove avventure e scoprendo segreti nascosti.

Un giorno, mentre Marco stava saltellando tra gli alberi, vide un uccello colorato che volava con una piuma scintillante nel becco. "Che piuma splendida!" pensò Marco. "Mi chiedo dove l'abbia trovata."

Deciso a scoprirlo, Marco seguì l'uccello fino a un angolo della giungla che non aveva mai esplorato. Qui trovò un albero gigante con rami così fitti che formavano una sorta di scala verso il cielo. Sulla cima dell'albero c'era un nido enorme, fatto di foglie intrecciate e piume luccicanti.

"Questo deve essere il nido dell'uccello," pensò Marco. "Ma come faccio a salire fin lassù?"

Mentre rifletteva, una voce gentile interruppe i suoi pensieri. "Posso aiutarti, piccolo Marco," disse la voce. Marco si girò e vide una simpatica scimmia di nome Tina, che conosceva bene i segreti della giungla.

"Grazie, Tina!" esclamò Marco. "Ho bisogno di arrivare a quel nido per vedere da dove viene quella piuma scintillante."

"Seguimi," disse Tina con un sorriso. "Conosco un modo per salire."

Tina guidò Marco attraverso un labirinto di liane e rami, fino a che non raggiunsero il nido. Una volta lì, Marco scoprì che l'uccello era un Colibrì Magico, che raccoglieva piume da ogni angolo della giungla per decorare il suo nido.

"Mamma mia!" esclamò Marco. "Che nido magnifico!"

Il Colibrì Magico si avvicinò a Marco con grazia. "Sei molto curioso, piccolo Marco," disse. "Vuoi vedere qualcosa di ancora più magico?"

"Sì, per favore!" rispose Marco con entusiasmo.

Il Colibrì Magico spiegò le sue ali e guidò Marco e Tina attraverso la giungla fino a una cascata scintillante. Dietro la cascata c'era una grotta nascosta, illuminata da cristalli luminosi che emanavano una luce calda e accogliente. Al centro della grotta c'era un lago limpido, in cui nuotavano pesci colorati e brillanti.

"Questo è il Lago delle Meraviglie," spiegò il Colibrì Magico. "È un luogo segreto che poche creature conoscono."

Marco e Tina erano incantati dalla bellezza del luogo. Mentre esploravano la grotta, trovarono un antico libro sommerso in una pozza d'acqua cristallina. Marco lo aprì con cura e scoprì che era pieno di mappe e disegni di luoghi segreti della giungla.

"Con questo libro possiamo scoprire ancora più meraviglie!" esclamò Marco.

Il Colibrì Magico annuì. "Sì, ma ricordate di rispettare sempre la natura e di condividere le vostre scoperte solo con chi ha un cuore puro."

Marco e Tina promisero di fare proprio così. Tornarono alla loro parte di giungla con il libro prezioso, pronti a vivere nuove avventure e a scoprire altri segreti nascosti.

Ogni giorno, Marco e Tina esploravano un nuovo luogo della giungla, seguendo le mappe e i suggerimenti del libro. Incontrarono animali fantastici, scoprirono piante rare e impararono le antiche storie della giungla.

Un giorno, trovarono una valle nascosta piena di fiori giganti che cambiavano colore con il sole. Un altro giorno, scoprirono un albero parlante che raccontava storie di tempi antichi. Ogni scoperta era un nuovo tesoro, e ogni avventura portava Marco e Tina più vicini ai segreti della giungla.

Con il passare del tempo, Marco divenne conosciuto come il più grande esploratore della giungla. Gli animali si riunivano attorno a lui per ascoltare le sue storie, e Marco condivideva con loro le meraviglie che aveva scoperto.

Una notte, mentre la luna piena splendeva alta nel cielo, Marco e Tina si sedettero su una roccia vicino al Lago delle Meraviglie. "Abbiamo vissuto tante avventure," disse Marco con un sorriso. "Ma sento che ce ne sono ancora molte altre da vivere."

Tina annuì. "La giungla è piena di segreti, e noi abbiamo solo iniziato a scoprirli. Con il nostro coraggio e la nostra curiosità, non c'è limite a ciò che possiamo trovare."

E così, Marco e Tina continuarono a esplorare, sempre pronti per la prossima avventura, sempre desiderosi di scoprire ciò che la giungla aveva da offrire. E ogni notte, sotto la luce della luna, sapevano che il mondo era pieno di meraviglie pronte per essere scoperte.

The Adventures of Marco, the Curious Monkey

In the lush jungle of South America lived a monkey named Marco. Marco was a very curious monkey with shiny brown fur and bright eyes that reflected every spark of enthusiasm. Every day, Marco explored the jungle, looking for new adventures and uncovering hidden secrets.

One day, as Marco was hopping from tree to tree, he saw a colorful bird flying with a shimmering feather in its beak. "What a splendid feather!" Marco thought. "I wonder where it found it."

Determined to find out, Marco followed the bird to a corner of the jungle he had never explored before. Here he found a giant tree with branches so dense they formed a sort of staircase to the sky. At the top of the tree was an enormous nest made of interwoven leaves and sparkling feathers.

"This must be the bird's nest," Marco thought. "But how do I get up there?"

As he pondered, a gentle voice interrupted his thoughts. "I can help you, little Marco," said the voice. Marco turned and saw a friendly monkey named Tina, who knew well the secrets of the jungle.

"Thank you, Tina!" exclaimed Marco. "I need to get to that nest to see where that shimmering feather came from."

"Follow me," said Tina with a smile. "I know a way to climb up."

Tina guided Marco through a maze of vines and branches until they reached the nest. Once there, Marco discovered that the bird was a Magical Hummingbird, who collected feathers from every corner of the jungle to decorate its nest.

"Oh my goodness!" exclaimed Marco. "What a magnificent nest!"

The Magical Hummingbird gracefully approached Marco. "You are very curious, little Marco," it said. "Would you like to see something even more magical?"

"Yes, please!" Marco responded enthusiastically.

The Magical Hummingbird spread its wings and led Marco and Tina through the jungle to a sparkling waterfall. Behind the waterfall was a hidden cave, illuminated by glowing crystals that emitted a warm, welcoming light. At the center of the cave was a clear lake, where colorful, shiny fish swam.

"This is the Lake of Wonders," explained the Magical Hummingbird. "It is a secret place known to few creatures."

Marco and Tina were enchanted by the beauty of the place. As they explored the cave, they found an ancient book submerged in a pool of crystal-clear water. Marco carefully opened it and discovered it was full of maps and drawings of the jungle's hidden places.

"With this book, we can discover even more wonders!" exclaimed Marco.

The Magical Hummingbird nodded. "Yes, but remember to always respect nature and share your discoveries only with those who have a pure heart."

Marco and Tina promised to do just that. They returned to their part of the jungle with the precious book, ready to embark on new adventures and uncover more hidden secrets.

Every day, Marco and Tina explored a new part of the jungle, following the maps and hints from the book. They met fantastic animals, discovered rare plants, and learned the ancient stories of the jungle.

One day, they found a hidden valley full of giant flowers that changed color with the sun. Another day, they discovered a talking tree that told stories of ancient times. Every discovery was a new treasure, and every adventure brought Marco and Tina closer to the jungle's secrets.

As time passed, Marco became known as the greatest explorer of the jungle. Animals gathered around him to listen to his stories, and Marco shared with them the wonders he had discovered.

One night, as the full moon shone high in the sky, Marco and Tina sat on a rock near the Lake of Wonders. "We have had so many adventures," Marco said with a smile. "But I feel there are still many more to come."

Tina nodded. "The jungle is full of secrets, and we have only just begun to uncover them. With our courage and curiosity, there is no limit to what we can find."

And so, Marco and Tina continued to explore, always ready for the next adventure, always eager to discover what the jungle had to offer. And every night, under the moonlight, they knew that the world was full of wonders waiting to be discovered.

La Principessa Celeste e il Giardino Segreto

C'era una volta, in un regno lontano, una principessa di nome Celeste. Celeste era conosciuta in tutto il regno per la sua bellezza, ma ancor di più per la sua curiosità e gentilezza. Aveva lunghi capelli dorati e occhi azzurri che brillavano come stelle. Ma la sua caratteristica più speciale era il suo cuore generoso e il desiderio di scoprire nuove cose.

Celeste viveva in un grande castello circondato da giardini splendidi, ma c'era un giardino in particolare che l'affascinava. Era un giardino segreto, nascosto dietro un grande muro di pietra e una porta di ferro arrugginita. Nessuno sapeva cosa ci fosse dentro, e le leggende raccontavano che fosse magico.

Un giorno, mentre esplorava i giardini del castello, Celeste trovò una chiave antica nascosta tra le radici di un vecchio albero. "Forse questa è la chiave del giardino segreto!" pensò con eccitazione. Decisa a scoprirlo, corse verso la porta di ferro e inserì la chiave nella serratura. Con un clic, la porta si aprì lentamente, rivelando un mondo di meraviglie.

All'interno del giardino segreto, c'erano fiori di ogni colore immaginabile, alberi con frutti dorati e animali che parlavano. Celeste era incantata. Camminando lungo un sentiero di pietre luminose, incontrò un piccolo coniglio bianco che si presentò come Nino.

"Benvenuta, principessa Celeste!" disse Nino con un sorriso. "Sono Nino, il guardiano del giardino segreto. Solo chi ha un cuore puro può entrare qui, e tu sei la benvenuta."

Celeste sorrise e rispose: "Grazie, Nino. Questo luogo è meraviglioso! Ma come mai nessuno sa dell'esistenza di questo giardino?"

Nino spiegò che il giardino era stato creato molto tempo fa da una fata buona per proteggere le piante e gli animali rari. "Ma c'è un segreto più grande," disse Nino. "Nel cuore del giardino c'è una fontana magica. Chi beve dalla sua acqua riceve un dono speciale."

Curiosa come sempre, Celeste chiese a Nino di portarla alla fontana. Il coniglio la guidò attraverso un labirinto di fiori e alberi fino a una radura incantata dove la fontana splendeva alla luce del sole. La fontana era fatta di cristallo e l'acqua che scorreva sembrava fatta di luce liquida.

"Prima di bere, devi sapere che il dono che riceverai sarà quello di cui il tuo cuore ha più bisogno," disse Nino.

Celeste si avvicinò alla fontana e bevve un sorso d'acqua cristallina. Immediatamente, sentì una sensazione di calore e luce dentro di sé. In quel momento, apparve la fata buona, luminosa e sorridente.

"Celeste, il tuo cuore puro e il tuo desiderio di scoprire e aiutare gli altri ti hanno portato qui," disse la fata. "Il dono che ricevi oggi è la capacità di parlare con tutte le creature della natura. Usa questo dono per proteggere e curare il tuo regno."

Celeste era felicissima. Ringraziò la fata e Nino e promise di usare il suo dono con saggezza. Tornata al castello, Celeste iniziò a parlare con gli animali e le piante dei suoi giardini. Scoprì che gli alberi avevano storie antiche da raccontare e che gli animali conoscevano segreti nascosti della terra.

Con il suo nuovo dono, Celeste divenne una principessa ancora più amata e rispettata. Organizzò incontri tra gli abitanti del regno e le creature del giardino segreto, creando un legame speciale tra loro. Insegnò a tutti l'importanza di rispettare e proteggere la natura, e il regno fiorì come mai prima.

Un giorno, un pericolo minacciò il regno. Un drago terribile, attirato dalla bellezza e dalla magia del giardino segreto, arrivò con l'intenzione di distruggere tutto. Ma Celeste, con il coraggio nel cuore, andò incontro al drago.

"Per favore, non distruggere il nostro giardino," disse Celeste con voce calma ma decisa. "Parliamo e troviamo una soluzione insieme."

Il drago, sorpreso dalla gentilezza di Celeste, si fermò e ascoltò. "Sono solo," disse il drago. "Ho bisogno di un luogo dove sentirmi accolto."

Celeste sorrise e rispose: "Se prometti di non fare del male, puoi restare qui nel nostro giardino segreto. Tutti hanno bisogno di sentirsi accolti e amati."

Il drago accettò, e così il giardino segreto divenne ancora più speciale. Con la presenza del drago, il giardino si arricchì di nuova magia e Celeste guadagnò un amico potente e fedele.

La storia di Celeste, la principessa che poteva parlare con la natura e che aveva il cuore più grande di tutti, si diffuse in tutto il regno e oltre. E così, il giardino segreto rimase un luogo di meraviglie, protetto dall'amore e dalla saggezza di Celeste.

E ogni notte, sotto la luce delle stelle, Celeste sapeva che la vera magia risiedeva nel cuore di chi amava e rispettava la natura e tutte le sue creature.

Princess Celeste and the Secret Garden

Once upon a time, in a distant kingdom, there was a princess named Celeste. Celeste was known throughout the kingdom for her beauty, but even more so for her curiosity and kindness. She had long golden hair and blue eyes that sparkled like stars. But her most special trait was her generous heart and her desire to discover new things.

Celeste lived in a grand castle surrounded by splendid gardens, but there was one garden that fascinated her the most. It was a secret garden, hidden behind a large stone wall and a rusty iron door. No one knew what was inside, and legends said it was magical.

One day, while exploring the castle gardens, Celeste found an ancient key hidden among the roots of an old tree. "Maybe this is the key to the secret garden!" she thought excitedly. Determined to find out, she ran to the iron door and inserted the key into the lock. With a click, the door slowly opened, revealing a world of wonders.

Inside the secret garden, there were flowers of every imaginable color, trees with golden fruits, and animals that could talk. Celeste was enchanted. Walking along a path of glowing stones, she met a small white rabbit who introduced himself as Nino.

"Welcome, Princess Celeste!" said Nino with a smile. "I am Nino, the guardian of the secret garden. Only those with a pure heart can enter here, and you are welcome."

Celeste smiled and replied, "Thank you, Nino. This place is wonderful! But why does no one know about this garden's existence?"

Nino explained that the garden was created long ago by a kind fairy to protect rare plants and animals. "But there is a greater secret," said Nino. "In the heart of the garden, there is a magical fountain. Whoever drinks from its water receives a special gift."

As curious as ever, Celeste asked Nino to take her to the fountain. The rabbit guided her through a maze of flowers and trees until they reached an enchanted clearing where the fountain sparkled in the sunlight. The fountain was made of crystal, and the water flowing from it looked like liquid light.

"Before you drink, you must know that the gift you receive will be what your heart needs most," said Nino.

Celeste approached the fountain and took a sip of the crystal-clear water. Immediately, she felt a sensation of warmth and light inside her. At that moment, the kind fairy appeared, glowing and smiling.

"Celeste, your pure heart and your desire to discover and help others have brought you here," said the fairy. "The gift you receive today is the ability to speak with all creatures of nature. Use this gift to protect and care for your kingdom."

Celeste was overjoyed. She thanked the fairy and Nino and promised to use her gift wisely. Back at the castle, Celeste began to talk to the animals and plants in her gardens. She discovered that the trees had ancient stories to tell and that the animals knew hidden secrets of the land.

With her new gift, Celeste became an even more beloved and respected princess. She organized meetings between the kingdom's inhabitants and the creatures of the secret garden, creating a special bond between them. She taught everyone the importance of respecting and protecting nature, and the kingdom flourished like never before.

One day, a danger threatened the kingdom. A terrible dragon, attracted by the beauty and magic of the secret garden, came with the intention of destroying everything. But Celeste, with courage in her heart, went to meet the dragon.

"Please, do not destroy our garden," Celeste said in a calm but firm voice. "Let's talk and find a solution together."

The dragon, surprised by Celeste's kindness, stopped and listened. "I am lonely," said the dragon. "I need a place where I feel welcome."

Celeste smiled and replied, "If you promise not to harm anyone, you can stay here in our secret garden. Everyone needs to feel welcomed and loved."

The dragon agreed, and so the secret garden became even more special. With the dragon's presence, the garden was enriched with new magic, and Celeste gained a powerful and loyal friend.

The story of Celeste, the princess who could talk to nature and had the biggest heart of all, spread throughout the kingdom and beyond. And so, the secret garden remained a place of wonders, protected by Celeste's love and wisdom.

And every night, under the starlight, Celeste knew that true magic resided in the heart of those who loved and respected nature and all its creatures.

Leo e il Fiore dell'Amicizia

C'era una volta, in un piccolo villaggio circondato da boschi incantati, un bambino di nome Leo. Leo era un bambino vivace e curioso, con capelli scuri e occhi che brillavano come stelle. Amava esplorare la natura e fare nuove amicizie con gli animali del bosco.

Un giorno, mentre passeggiava lungo un sentiero nascosto nel bosco, Leo trovò un vecchio libro di fiabe tra le radici di un albero antico. Il libro era coperto di polvere, ma quando lo aprì, le pagine si illuminarono di una luce dorata.

"Questo libro deve essere magico!" esclamò Leo con entusiasmo. Sfogliando le pagine, trovò una storia che parlava di un fiore speciale chiamato "Fiore dell'Amicizia". Secondo la leggenda, chiunque trovasse e coltivasse questo fiore avrebbe potuto stringere amicizie che durassero per sempre.

Deciso a trovare il Fiore dell'Amicizia, Leo partì per un'avventura. Seguendo le indicazioni del libro, attraversò boschi fitti, scalò colline e attraversò ruscelli scintillanti. Durante il suo viaggio, incontrò molti animali che lo aiutarono lungo il cammino.

Il primo a offrirgli aiuto fu un saggio gufo di nome Ulisse. "Devi cercare il Fiore dell'Amicizia nella Valle dei Sogni," disse Ulisse. "Ma attenzione, la valle è protetta da un incantesimo che solo i cuori puri possono superare."

Leo ringraziò Ulisse e continuò il suo viaggio. Arrivò alla Valle dei Sogni al tramonto, quando il cielo era dipinto di rosa e arancione. All'ingresso della valle, trovò una vecchia volpe chiamata Violetta, che gli raccontò di un sentiero segreto che conduceva al centro della valle, dove il Fiore dell'Amicizia cresceva sotto una grande quercia.

"Solo chi crede veramente nell'amicizia può vedere il sentiero," spiegò Violetta.

Leo chiuse gli occhi, respirò profondamente e pensò a tutti i suoi amici, umani e animali, e al desiderio di fare nuove amicizie. Quando riaprì gli occhi, il sentiero segreto apparve davanti a lui, illuminato da lucciole scintillanti.

Seguendo il sentiero, Leo arrivò alla grande quercia. Sotto l'albero, vide un piccolo fiore con petali di tutti i colori dell'arcobaleno. Era il Fiore dell'Amicizia! Con delicatezza, lo prese e lo piantò in un vaso che aveva portato con sé.

Improvvisamente, una luce brillante avvolse Leo e il fiore. Apparve una fata con ali di farfalla e un sorriso gentile. "Io sono Fiamma, la fata dell'amicizia," disse. "Hai dimostrato un cuore puro e un grande desiderio di amicizia. Ora, il Fiore dell'Amicizia ti accompagnerà sempre e ti aiuterà a creare legami che dureranno per sempre."

Leo ringraziò Fiamma e promise di prendersi cura del fiore. Tornò al villaggio con il cuore pieno di gioia e il fiore magico nel vaso. Da quel giorno, il villaggio divenne un luogo di armonia e amicizia, dove tutti si aiutavano e si sostenevano a vicenda.

Ogni giorno, Leo raccontava ai suoi amici del Fiore dell'Amicizia e delle sue avventure. Il fiore cresceva forte e rigoglioso, e ogni volta che qualcuno aveva bisogno di conforto o di un amico, bastava avvicinarsi al fiore per sentirsi meglio.

Col passare del tempo, il villaggio divenne famoso per la sua atmosfera di pace e amicizia. Persone da ogni dove venivano a vedere il Fiore dell'Amicizia e a imparare il valore delle relazioni genuine. Leo divenne noto come il portatore di amicizia, e il suo cuore rimase sempre puro e aperto a nuove avventure e amicizie.

E così, il Fiore dell'Amicizia continuò a fiorire, non solo nel vaso di Leo, ma anche nei cuori di tutti coloro che credettero nel potere della vera amicizia. Ogni notte, sotto il cielo stellato, Leo sapeva che aveva trovato qualcosa di più prezioso di qualsiasi tesoro: il dono dell'amicizia eterna.

Leo and the Friendship Flower

Once upon a time, in a small village surrounded by enchanted woods, there was a boy named Leo. Leo was a lively and curious child with dark hair and eyes that sparkled like stars. He loved exploring nature and making new friends with the animals of the forest.

One day, while walking along a hidden path in the woods, Leo found an old fairy tale book among the roots of an ancient tree. The book was covered in dust, but when he opened it, the pages glowed with a golden light.

"This book must be magical!" exclaimed Leo excitedly. Flipping through the pages, he found a story about a special flower called the "Friendship Flower." According to the legend, whoever found and nurtured this flower would form friendships that lasted forever.

Determined to find the Friendship Flower, Leo set out on an adventure. Following the book's instructions, he traversed dense forests, climbed hills, and crossed sparkling streams. During his journey, he met many animals who helped him along the way.

The first to offer help was a wise owl named Ulisse. "You must search for the Friendship Flower in the Valley of Dreams," said Ulisse. "But beware, the valley is protected by a spell that only pure hearts can overcome."

Leo thanked Ulisse and continued his journey. He arrived at the Valley of Dreams at sunset when the sky was painted pink and orange. At the entrance to the valley, he met an old fox named Violetta, who told him about a secret path leading to the center of the valley, where the Friendship Flower grew under a great oak tree.

"Only those who truly believe in friendship can see the path," explained Violetta.

Leo closed his eyes, took a deep breath, and thought of all his friends, human and animal, and his desire to make new friends. When he reopened his eyes, the secret path appeared before him, illuminated by glowing fireflies.

Following the path, Leo arrived at the great oak tree. Under the tree, he saw a small flower with petals of all the colors of the rainbow. It was the Friendship Flower! Gently, he took it and planted it in a pot he had brought with him.

Suddenly, a bright light enveloped Leo and the flower. A fairy with butterfly wings and a gentle smile appeared. "I am Fiamma, the fairy of friendship," she said. "You have shown a pure heart and a great desire for friendship. Now, the Friendship Flower will always accompany you and help you create bonds that last forever."

Leo thanked Fiamma and promised to take care of the flower. He returned to the village with a heart full of joy and the magical flower in the pot. From that day on, the village became a place of harmony and friendship, where everyone helped and supported each other.

Every day, Leo told his friends about the Friendship Flower and his adventures. The flower grew strong and lush, and whenever someone needed comfort or a friend, they only had to approach the flower to feel better.

Over time, the village became famous for its atmosphere of peace and friendship. People from all over came to see the Friendship Flower and learn the value of genuine relationships. Leo became known as the bearer of friendship, and his heart remained always pure and open to new adventures and friendships.

And so, the Friendship Flower continued to bloom, not only in Leo's pot but also in the hearts of all those who believed in the power of true friendship. Every night, under the starry sky, Leo knew he had found something more precious than any treasure: the gift of eternal friendship.

Nonna Magica e il Giardino delle Meraviglie

C'era una volta, in un piccolo villaggio incantato, una nonna di nome Marta, conosciuta da tutti come Nonna Magica. Nonna Magica non era una nonna comune; aveva poteri straordinari che usava per aiutare gli abitanti del villaggio. Aveva capelli argentei che brillavano alla luce del sole e occhi verdi che scintillavano di saggezza e gioia.

Nonna Magica viveva in una casetta circondata da un giardino che tutti chiamavano il Giardino delle Meraviglie. In questo giardino crescevano piante e fiori di ogni tipo, molti dei quali erano magici. C'era il Girasole del Sorriso, che faceva sorridere chiunque lo guardasse, e la Rosa dei Desideri, che poteva realizzare un desiderio sincero se baciata.

Un giorno, due fratellini, Emma e Luca, decisero di visitare Nonna Magica. Erano affascinati dalle storie che avevano sentito su di lei e sul suo giardino. Emma, con i suoi capelli dorati e il viso pieno di lentiggini, e Luca, con i suoi occhi azzurri curiosi e il sorriso vivace, erano pronti per un'avventura.

"Nonna Magica, possiamo vedere il tuo giardino?" chiese Emma con entusiasmo quando arrivarono alla casetta.

"Certamente, cari miei," rispose Nonna Magica con un sorriso caldo. "Ma ricordate, ogni pianta qui ha una sua storia e una sua magia. Dovete rispettarle e ascoltarle."

Con gli occhi sgranati dalla meraviglia, Emma e Luca seguirono Nonna Magica nel giardino. La prima pianta che videro era l'Albero della Musica, con foglie che suonavano una melodia dolce quando il vento le accarezzava.

"Questo albero suona una canzone diversa per ogni persona," spiegò Nonna Magica. "Ascoltate attentamente."

Emma e Luca chiusero gli occhi e ascoltarono la melodia che l'albero suonava per loro. Era una musica allegra e giocosa che li fece ridere e ballare.

Più avanti nel giardino, trovarono una fontana di cristallo che brillava alla luce del sole. "Questa è la Fontana dei Ricordi," disse Nonna Magica. "Chi beve la sua acqua può vedere i ricordi più felici."

Emma e Luca si avvicinarono alla fontana e presero un sorso dell'acqua cristallina. Subito, davanti ai loro occhi, apparvero immagini di momenti felici trascorsi con la loro famiglia e i loro amici. Risero e si abbracciarono, sentendosi ancora più vicini.

Continuando il loro tour, giunsero al Girasole del Sorriso. "Basta guardarlo per sentire una gioia immensa," disse Nonna Magica.

Emma e Luca fissarono il grande fiore giallo e immediatamente scoppiarono in risate contagiose. "È vero!" esclamò Luca tra una risata e l'altra. "Questo fiore è magico!"

Nonna Magica sorrise, contenta di vedere i bambini così felici. "Ma il mio preferito," disse, "è la Rosa dei Desideri. Avete un desiderio sincero nel cuore?"

Emma e Luca si guardarono e poi annuirono. "Sì, nonna," disse Emma. "Vorremmo che tutti nel nostro villaggio fossero sempre felici."

Nonna Magica annuì con approvazione. "È un desiderio meraviglioso. Ora, baciate la rosa e pensate al vostro desiderio."

I bambini baciarono delicatamente la Rosa dei Desideri e chiusero gli occhi. Quando li riaprirono, sentirono una calda luce avvolgerli e una sensazione di pace e gioia riempire i loro cuori.

Da quel giorno, il villaggio divenne un luogo ancora più felice. Gli abitanti scoprirono che il Giardino delle Meraviglie di Nonna Magica era aperto a tutti, e ogni pianta e fiore aveva qualcosa di speciale da offrire. Le persone venivano a rilassarsi, ridere e ricordare i momenti felici.

Nonna Magica insegnò a tutti a rispettare la natura e a vedere la magia in ogni piccolo dettaglio della vita quotidiana. Emma e Luca divennero i suoi piccoli aiutanti, imparando a prendersi cura del giardino e a condividere la sua magia con chiunque ne avesse bisogno.

E così, il Giardino delle Meraviglie continuò a fiorire e a portare gioia e speranza a tutti coloro che lo visitavano. Nonna Magica sapeva che il vero potere della magia risiedeva nell'amore e nella gentilezza, e ogni sera, sotto il cielo stellato, ringraziava le stelle per averle dato un cuore così grande da condividere con il mondo.

Magic Grandma and the Garden of Wonders

O nce upon a time, in a small enchanted village, there was a grandmother named Marta, known to everyone as Magic Grandma. Magic Grandma was not an ordinary grandma; she had extraordinary powers that she used to help the villagers. She had silvery hair that sparkled in the sunlight and green eyes that twinkled with wisdom and joy.

Magic Grandma lived in a little house surrounded by a garden that everyone called the Garden of Wonders. In this garden grew plants and flowers of all kinds, many of which were magical. There was the Smiling Sunflower, which made anyone who looked at it smile, and the Wishing Rose, which could grant a sincere wish if kissed.

One day, two siblings, Emma and Luca, decided to visit Magic Grandma. They were fascinated by the stories they had heard about her and her garden. Emma, with her golden hair and freckled face, and Luca, with his curious blue eyes and lively smile, were ready for an adventure.

"Magic Grandma, can we see your garden?" Emma asked excitedly when they arrived at the little house.

"Of course, my dears," Magic Grandma replied with a warm smile. "But remember, each plant here has its own story and magic. You must respect them and listen to them."

With eyes wide with wonder, Emma and Luca followed Magic Grandma into the garden. The first plant they saw was the Music Tree, with leaves that played a sweet melody when the wind touched them.

"This tree plays a different song for each person," explained Magic Grandma. "Listen carefully."

Emma and Luca closed their eyes and listened to the melody the tree played for them. It was a cheerful and playful tune that made them laugh and dance.

Further in the garden, they found a crystal fountain that sparkled in the sunlight. "This is the Fountain of Memories," said Magic Grandma. "Whoever drinks its water can see their happiest memories."

Emma and Luca approached the fountain and took a sip of the crystal-clear water. Immediately, images of happy moments spent with their family and friends appeared before their eyes. They laughed and hugged, feeling even closer.

Continuing their tour, they came to the Smiling Sunflower. "Just looking at it will fill you with immense joy," said Magic Grandma.

Emma and Luca stared at the big yellow flower and immediately burst into contagious laughter. "It's true!" exclaimed Luca between laughs. "This flower is magical!"

Magic Grandma smiled, pleased to see the children so happy. "But my favorite," she said, "is the Wishing Rose. Do you have a sincere wish in your heart?"

Emma and Luca looked at each other and then nodded. "Yes, Grandma," said Emma. "We wish for everyone in our village to always be happy."

Magic Grandma nodded approvingly. "That's a wonderful wish. Now, kiss the rose and think about your wish."

The children gently kissed the Wishing Rose and closed their eyes. When they reopened them, they felt a warm light envelop them and a sensation of peace and joy fill their hearts.

From that day on, the village became an even happier place. The villagers discovered that Magic Grandma's Garden of Wonders was open to everyone, and each plant and flower had something special to offer. People came to relax, laugh, and remember happy moments.

Magic Grandma taught everyone to respect nature and see the magic in every little detail of everyday life. Emma and Luca became her little helpers, learning to take care of the garden and share its magic with anyone who needed it.

And so, the Garden of Wonders continued to bloom and bring joy and hope to all who visited. Magic Grandma knew that the true power of magic lay in love and kindness, and every evening, under the starry sky, she thanked the stars for giving her a heart big enough to share with the world.

www.ingramcontent.com/pod-product-compliance
Lightning Source LLC
Chambersburg PA
CBHW052237150726

48002CB00003B/1467